নেট ফড়িং প্রেম সংখ্যা – ২০২২

নেট ফড়িং

ভালোবাসার মানুষদের

বিষয়বস্তু

বিষয়বস্তু

ভূমিকা

শীতের শেষে যখন বসন্তের সূত্রপাত ঘটে তখন প্রকৃতিও যেন সেজে ওঠে নতুনভাবে। আকাশে-বাতাসে ধ্বনিত হয় প্রেমের বাণী। বইমেলা উপলক্ষ্যে নেট ফড়িং এর দুটি কবিতা সংকলন প্রকাশিত হয়েছে বিগত দুই বছরে। এই প্রথম নেট ফড়িং এর লেখক-লেখিকাদের লেখা প্রেমের কবিতা নিয়ে প্রকাশিত হল 'নেট ফড়িং প্রেম সংখ্যা'। এই সংখ্যাটি পাঠকদের ভীষণ ভালো লাগবে বলে আমাদের বিশ্বাস। বলা হয়ে থাকে যে প্রেম ও যুদ্ধে সবই সঠিক। তাই আশা রাখছি নেট ফড়িং এর এই বিশেষ প্রেম সংখ্যার ভুল-ক্রটি পাঠকেরা ক্ষমাসুন্দর দৃষ্টিভঙ্গীতে দেখবেন। সকলে ভালো থাকুন, সুস্থ থাকুন।

-টিম নেট ফড়িং

নেট ফড়িং প্রেম সংখ্যা – ২০২২

সম্পাদক- বিক্রম শীল

   সহঃ সম্পাদক- সায়ন বণিক

   প্রকাশকাল- ১৪ই ফেব্রুয়ারি, ২০২২

১. এক শতাব্দী অবধি

-তন্ময় দেব

এক শতাব্দী অবধি দেখে যাবো তোমায়। তারপর হঠাৎ কোথাও
কৃষ্ণচূড়ার পাপড়ি খসে পড়লে জেগে উঠবো তোমার আবেশ থেকে
তুমি তখনও ঘুমোবে। আলতো খোলা পাতলা ঠোঁটদুটো কাঁপবে
তিরতির করে... আড়মোড়া ভেঙে পাশ ফিরবে।
আমি তোমাকে তুষারপাতের সাথে তুলনা করে বলব,
'ভালবাসি!'
মনে হবে, আরও এক শতাব্দী এইভাবে কেটে গেলে বেশ হত।
অনন্ত এক ঘুমের মাঝে ভেসে বেড়াতাম দুজন। দিগন্তের পটভূমিতে
আঁকা থাকত সূর্য। ডায়েরিতে প্রেমের রোজনামচা ও চাঁদের উষ্ণতা
তোমায় আরও এক শতাব্দী অবধি দেখতে পেলে বেশ হত।

2. অন্য ভাবে পেতে

– শমিত কর্মকার

সময় করে না বলে একটু তোমার কাছে এসেছি।
চেষ্টা করেছিলাম বলবার কিন্তু পারিনি।
অনোধিকার প্রবেশ জানি, তবে তোমার কাছেই তো এসেছি!
আজ পরিবেশটা একটু অন্যরকম বলে।
বাইরে ঝিরঝির বৃষ্টির সাথে মৃদু বাতাস বইছে।
তুমি হয়তো রাগ করবে, না বলে এসেছি কেন?
সে প্রশ্নের উত্তর তোমাকে যদি নাই বা দেই, কি হবে।
অনেক দিন দেখা হয়নি তাই এসে গেলাম।
এর জন্য কি তোমাকে বলতে হবে?
আমি কিন্তু সেটা মনে করিনি বলেই আজ এসেছি।
হয়তো তুমি কেমন ভাবে থাকবে সেটা আমার অজানা।
তাতে কি হয়েছে আমি যে তোমার কাছেই এসেছি।
তুমি নিশ্চয়ই তাড়িয়ে দেবে না,
হয়তো একটু বকাবকি বা রাগ করবে।
সে তো আমার ব্যাপার, আমি তো ভালোবাসা পেতে এসেছি।
ঝিরিঝিরি বৃষ্টি শিক্ত সন্ধ্যা সেখানে তোমার মুখে মিষ্টি হাসি।
তোমার ভালোবাসার হাতে এক কাপ চা।
এ যেন মেঘ না চাইতেই জল।
তুমি হয়তো আমার কল্পনাকে আর একটু বাড়িয়ে দেবে,
নীরবভাবে

পাশে এসে বসবে দু'কলি গানও গাইবে।
হয়তো না বকে বলবে আগে তো বলতে পারতে!
যদিও তোমার এই চুপিসারে আসা আমার ভালোই লাগছে।
কত দিন যে তোমায় দেখিনি।
আজকের এই পরিবেশ তো তোমার ভালোবাসা পাওয়ার
জন্যই।

৩. প্রেম

-বানীব্রত

কোন এক গোধুলীর রক্তিম আভা গায়ে মেখে,
উন্মুক্ত আকাশে বিক্ষিপ্তভাবে ভেসে আসা
দুখন্ড মেঘের মতো আছড়ে পরা,
পরিচয়হীন দুটি প্রাণ মিলে গেল একহয়ে।
ঝরে পড়ল ইলশেগুঁড়ি বৃষ্টির মতো।
রঙিন হলো আকাশ, সবুজ হলো প্রকৃতি,
বসন্ত বাতাসের মতো দোলা লাগল প্রাণে।
শিহরন আর কামনার আগুনে জ্বলে ওঠা
উষ্ণ চুম্বনের উন্মাদনায় উজ্জিবিত এক প্রেম,
এক বসন্তে চৈত্রের দাবদাহের মতো।

৪. প্রেমিক

-রেজুলা রুবাবা

তুমি কোনও প্রেমিক নও!
প্রেমিক মানেই সহযোদ্ধা,
সকল বেড়াজাল শৃঙ্খলায় ঘা মেরে-
বুকের ইঙ্গিতে ঝড়ের পূর্বাভাস মাখাই
প্রেমিকের প্রেমের প্রতিচ্ছবি।
তুমি কি জানো, প্রেমিক প্রেমের স্বরেই লড়াই করে।
তুমি লড়াই করেছ একটি মেয়েকে পাবার জন্যই
তুমি তো প্রেমকে বুঝো নাই
দ্যাখো নাই তার ভেতরের প্রেম
তুমি তো অনুভূতি ছুঁয়ে শ্রদ্ধার বুক নাও নি।
তুমি কি জাগাতে পেরেছ তার বুকে প্রেমের আগুন?
চাঁদ ধোঁয়া রাতের সবার মত তুমিও চেয়েছ করবে প্রেম
প্রেমিকার হাত ধরে বিয়ের পিড়িতে বসবে-
স্ববিরোধহীন, সখহীন, ঘরমাখা মন প্রিয়ম্বদা।
সেসব বৃথা স্বপ্ন!
যদি ওই বুকে পৌরুষত্ব না থাকে
সমাজের বলিকাঠ ধ্বংস করার নিমিত্ত না জাগে
প্রেমিকা মনের সত্য ফুল ফোটাবে কোথায় তবে?
তুমি কি জানো না নারী প্রেমিকা হয় প্রেরণাদাত্রী হ'তে...?

৫. ফিরোজা রঙের ঝুলবারান্দা

–সালুনো

ভিজে যাচ্ছো আলোয়
আমরা মাখছি ভালোবাসা-বাসি
এ যেন আলেয়ার ভেতর হেঁটে যাওয়া
আলোপথ
আলো-আলো
শেষ গোধূলির পাহাড়ের কোলে
উবু হয়ে সঁপেছি একরত্তি ভালো থাকা
গায়ে মেখেছি আদর
তুমি হাতের মুঠোয় শুষে নিয়েছ একাকীত্বের ঘনঘটা যত
ব্রোঞ্জ রঙা রোদে ক্রমশ ভেসে আসছে গোঙানি
প্যারাডক্সিক্যাল পৃথিবীতে কমে যাচ্ছে সনাতন ভালোবাসা
তবু
গোলাপের গালিচায় মোড়া
আমাদের
ফিরোজা রঙের ঝুলবারান্দা।

৬. দোলাচল

- শঙ্খ মিত্র

তুমিহীন শান্ত নির্লিপ্ত চোখ;
স্বপ্ন নয়,
কি ভীষণ নিস্পৃহ বোধ
যাতনার গভীরে খেলা করে রোজ,
অশান্ত শব্দের যাপন থেকে
নিংড়ানো অনুবাদ সেরে
ঝলসানো ফুলকির মত, আগুনের মত,
পিপাসিত আমি হেঁটে যাই
ছাইরঙা ধূসর স্বপ্নের ভিতর!
ম্রিয়মান চাঁদের আলোর মত
ক্রমশ ক্ষীণ হয়ে আসে দৃশ্যমানতা
তোমার শালপ্রাংশু অবয়ব, উদ্ধত বুক,
স্থির হয়ে থাকা ঠোঁটের রেখা
পথ আগলে আচ্ছাদিত করে রেখেছে আমায়
দু-ফোঁটা অশ্রুর মূল্য মেপে নিয়ে
থরস্রোত বয়ে গেছে সমস্ত শিরা-উপশিরা বেয়ে,
জড়িয়ে ছিলে না কোনদিন
অথবা জড়িয়ে ছিলে
অথচ বদ্ধ হয়েছি অসহায় ভাবে পরাভব মেনে নিয়ে-
এই অনুভব বড় সুস্পষ্ট, প্রাঞ্জল।

খুব সন্তর্পণে একটু একটু করে
যতবার সুখের তর্জমা করেছি
দেখি নিশুতি রাতে পর্দার আড়ালে
দাঁড়িয়ে আছে অসীম অনিশ্চয়তা;
এতদিন ধরে সমস্ত অঙ্গিকার
আর যত স্পর্ধা ছিল গোটানো আস্তিনে
সবই যত্ন করে রেখেছি আলগোছে,
অথচ পৃথিবীতে যত ভালবাসা বাকি ছিল
সেই সব ঋণ একদিন শোধ করে যাব–
এ'–কথা দিতে পারি এমন প্রত্যয় কই।

7. ভালোবেসেছি তোমায়

-অলঙ্কৃত

ভালোবেসেছি, আমি তোমাকে ভালোবেসেছি,

বার বার ভালোবেসেছি, প্রতিবার ভালোবেসেছি।

যখন তোমায় প্রথম দেখেছি, তুমি আমায় চিনতে না আর

তোমার সাথে আমার সম্পর্কটাও অন্যরকম,

যখন তুমি জানতে না আর তোমার চোখের আড়ালে আমি

তোমার দিকেই তাকিয়ে থাকতাম,

যখন আমাদের প্রথম কথা হয়, পরিচয় হয়, বন্ধুত্ব হয়,

যখন বন্ধুত্ব টা আরো গভীর হয়ে ওঠে,

যেদিন তুমি খুব দুঃখে আমায় নিজের কাহিনীটা বলেছিলে,

যখন তুমি তোমার অন্ধকার রাতে আমায় ভরসা করেছিলে,

যখন বিশ্বাস করেছিলে যে আমি তোমার পাশে সবসময় আছি

আর থাকবো,

যখন আমার হাতে নিজের হাতটা রেখেছিলে এটাই ভেবে যে

সব সময় আমি আমার কথা রাখবো।

ভালোবেসেছি তোমায় যখন অজান্তেই খুব কাছের হয়ে

উঠেছিলাম দুজনে,

যখন মুখে কিছু না বলে, কাছাকাছি না থেকেও, সব কথাগুলো

আপনেই হয়ে যেতো মনে মনে,

যখন তুমি আমায় মুখে না বলেও বুঝিয়ে দিয়েছিলে তুমি

আমায় কতটা ভালোবাসো,

আর সেই কারনেই তুমি সব পরিস্থিতি তে আমার কাছেই আসো।

ভালোবেসেছি, আমায় দেখতেই যেই হাসি টা ফুটে আসে তোমার মুখে,

ভালোবেসেছি তোমার মাথা রেখে আগন্তুক স্বপ্ন দেখা আমার বুকে,

তোমার আমায় কাছে টেনে নেওয়া, খুব আপন করে আগলে নেওয়া, আমার মাথা হাতিয়ে দেওয়া, আমার সাথে বহুদূর পথ হেঁটে হেঁটে যাওয়া,

তোমার হঠাতই আমায় দূরে ঠেলে দেওয়া, তোমার আমায় বলে দেওয়া যে তুমি আমায় ভালোবাসো না,

আমায় বুঝিয়ে দেওয়া তুমি আমার নও, সেটা কেবল আমার মনের ভুল,

আমি তখনও ভালোবেসেছি তোমায়,

প্রতিটা পরিস্থিতিতে ভালোবেসেছি তোমায়,

প্রতিটি দিন, প্রতিটি রাত, প্রত্যক্ষ অথবা পরোক্ষভাবে ভালোবেসেছি তোমায়,

কাছে না পেলে নিজের মনে মনে ভালোবেসেছি তোমায়,

ভালোবেসেছি প্রতিটা মূহর্ত আরো একটু বেশী করে,

আগলে রেখেছি সব কথা সব স্মৃতি, সব গল্প গুলো আমার এই বুকে ধরে।

৪. পূর্ণতার খোঁজ

-দেবলীনা বিশ্বাস

সম্পূর্ণ মানুষটাকে ছুঁতে চেয়েছিলাম,
আধখানা চাঁদের জ্যোৎস্না আর অর্ধসমাপ্ত কোনো কবিতার মতো
মখমলি চাদরে মোড়া সম্পর্ক আমি চাইনি,
সেখানে ভীষণ শীত আর আমি যে বড়ো শীতকাতুরে।
আমি চাইনি কখনও উপন্যাসের নায়িকা হতে, বিমলা অথবা বিনোদিনী।
শুধু চেয়েছিলাম রোদ জল বৃষ্টির জীবন,
গরম ভাতে নুন লঙ্কার মিশেল
আমি চেয়েছিলাম আস্ত একটা মানুষ,
নিকোনো উঠোনে ভরা শিউলি ফুল
সারাদিনের ক্লান্তি ভুলে শরীরে শরীর ডুবিয়ে
বেজে উঠুক দরবারি কানাড়া,
শেষ রাতের করুণ তারারা সাক্ষী থাকুক অন্ত্যমিলের,
অগোছালো চুল ছড়িয়ে থাক পাথর বুকে ইতস্তত।
এর থেকে আর বেশি কিছু চাইনি আমি,
হতে চেয়েছিলাম একটা আস্ত মানবী,
উপন্যাসের নায়িকা নয় হতে চেয়েছিলাম সম্পূর্ণ ইতিবৃত্ত,
মন, শরীর, আত্মা দিয়ে ঘেরা মন্দিরে

চেয়েছিলাম নিজস্ব একটা মানুষ, ধার করা নদী নয়, চেয়ে নেওয়া বৃষ্টি নয়, শুধু নিজের একটা সম্পূর্ণ মানুষ।

নেট ফড়িং প্রেম সংখ্যা – ২০২২

চেয়েছিলাম নিজস্ব একটা মানুষ, ধার করা নদী নয়, চেয়ে নেওয়া বৃষ্টি নয়, শুধু নিজের একটা সম্পূর্ণ মানুষ।

৩. শুধু তোমার জন্য

-দেবস্মিতা ঘোষ

হঠাৎই, আবার কখনো ফিরে এসে
হয়তো বলবে,
'মাফ করলাম তোমায়'।
অন্যায় বিহীন ভালোবাসার দোষে দোষী
আমিও প্রতিবারের মতোই
খুশিতে আপ্লুত হয়ে, আবেগে ভেসে
সম্মোহিত হব পুনরায়...
তোমার কথার মায়াজালে।
হয়তো, এসবই ধারণা তোমার
কিন্তু, তোমার সমস্ত ধারণাকে
নস্যাৎ করে দিয়ে
তোমার করা সমস্ত অপমানের
প্রত্যুত্তর দেবো সেইদিন...
তারপর নিজের জগৎ থেকে
চির মুক্তি দেবো তোমায়।
সাময়িক কষ্ট হবে খানিক
তবুও, নিজের ভালো থাকার তাগিদেই
ধীরে ধীরে সে অভ্যাস
রপ্ত হয়ে যাবে কয়েক দিনেই;
ভুলে যাব সেই তুমিকে

যাকে ঘিরে স্বপ্ন দেখতাম রোজ।
মনের গহীনে, কত না বলা কথা
পুষে রেখেছিলাম যার জন্য...
সমস্ত কিছু ইচ্ছে করে বিস্মৃত হয়ে
অবসান ঘটাবো সব অবহেলার...
এরপর হয়তো কোন একদিন
বর্ষণমুখর দিনে
বৃষ্টির টুপটাপ ঝরে পড়া দেখতে দেখতে
অতীতে ফিরে যেতে-যেতে;
হয়তো, নিজের অজান্তেই গিয়ে উঠবো গানের কলি
"তুই ফেলে এসেছিস কারে মন, মন রে আমার"।।

১০. জয়ন্তীর প্রেম

– কানাইলাল খাঁ

ডুয়ার্স, তোমার নদী নির্ঝরে বন মর্মরে
বিগত যৌবন জেগে ওঠে
বনবীথিকায় বিটপিলতায় উদোম জোড়াজুড়ি
জয়ন্তী, তোমার গোপন এলাকায় সরু পথে বন শফরীর লোভ
ভাগ্যে থাকলে বন্যজন্তুর দেখা মেলে
হরিণ ময়ূর, বুনো সারমেয়, চিতল, শেষমেষ হাতি
বাঘের দেখা নাই রে বাঘের দেখা নাই ব্যাঘ্র প্রকল্পে
জয়ন্তী, তোমার প্রেমে বেলাগাম যুবক বাঘনখ
পাহাড় পাহাড় বুকে বেবাক ঢেউ
বন্যা বয় সাদা পাথরের বিছানায়
তারপর? তারপর খটখটে চাটাং আট মাস
তোমার প্রেমের ট্রাজিক এণ্ড
আমার বুকে তাকলামাকান মরুভূমি।

"

১১. অপেক্ষা

-ঐশ্বর্য্য সিনহা

অপেক্ষা করবো...
দিন... মাস... বছর
হয়তো বা সারাজীবন
তুমি আসবে না... কিন্তু
জীবনের ধারা বয়ে যাবে...
অপেক্ষা করবো...
বয়েস বাড়বে...
তিন কাল ফুরিয়ে শেষ কাল আসবে
অপেক্ষা করবো...
এক দিন শেষ কাল তাও ফুরোবে...
মৃত্যু ঠিক আসবে... নিশ্চিত
তাও অপেক্ষা করবো...
এজন্ম থেকে পরের জন্ম চলে আসবে
আমি তাও অপেক্ষা করবো
কখনো তো দূরত্ব টা মিটবে...
কখনো তো তুমি আবার আমায়
ভালোবাসবে...
অপেক্ষা করবো!

12. প্রেমের কবিতা ছবি

-সন্দীপন সরকার

মন কুসুমের সুখ গল্পেরা সন্ধ্যে তারার দেশে,
তোমার আমার সন্ধি হল প্রেমে পরানের বেশে।
চোখে চোখে জমে থাকে তোমার যত না বলা কথা,
প্রেম প্রহরে তুমি আমার প্রিয় শহরে কথকতা।
আলোয় ভেজে ক্লান্ত শহর, দু'-চোখ জাগে তবু নির্ঘুম,
দীর্ঘশ্বাসে ঝংকার তরঙ্গ, বুকের ভেতর শীতঘুম।
কলমের ডগায় শ্রোতের মতন বইছে কাব্যিক ছন্দ,
প্রেমের কবিতা লিখতে গিয়ে মনের ভেতর ধন্দ।
শব্দ ব্রহ্মান্ডের ভেতর ফুঁড়ে কাব্যকথার লেলিহান,
লোকে বলে কবিতা আর আমি বলি ইমোশান..
এই কবিতা নামক ইমোশানের সৃষ্টিকর্তাকে বলি কবি,
মনের ভেতর আঁকছি কেবল শত-সহস্র প্রেমের ছবি।।

13. আগামীর পথে হাঁটবো বলেই

-মৌমিতা রায়

পথগুলো তো পথে মিশেই ছিল,
রাস্তাও ছিল এক।
মন দুটোও তো মিশেই ছিল,
সুখটাও ছিল অনেক।
হাতে হাত রেখে পথ চলা গুলো,
ছিল ভীষণরকম প্রিয়,
কাঁধে মাথা রেখে শান্তি
কিংবা চোখে চোখ রেখে তৃপ্তি
সবটাই তো ছিল,
নেই আজ সেই দিনের বন্ধন সাঁকো।
অপ্রিয়! আজ তুমি না-হয় ঘেন্নায় থাকো,
ভালোবাসা গুলো তোমার জন্য নয়।
তোমার প্রেমিকার যোগ্য হতে পারোনি তুমি,
পারোনি করতে তার মন জয়।
তাই তুমি আজ প্রাক্তন।
তোমায় ছাড়াই বাঁচতে শিখেছে এই মন।
তাই তো তোমায় পথেই এসেছি ফেলে,
আগামীর পথে হাঁটবো বলে।
কিংবা অন্যের হাতে হাত রেখে,

সে হাত আমায় আগলে রাখবে।
যে হাত আমার হাতের যোগ্য হবে,
সে চোখ আমায় দেখে মুগ্ধতা পাবে।
যে মানুষ শুধু আমার হবে,
সেই মানুষ আমার চলার পথের সঙ্গী হবে।।

14. ক্ষণিকের স্বপ্ন

-সায়ন বণিক

আমার নিকটে এসেছ তুমি, লইতে দাও নি একটিও ফুল
বক্ষের বাহিরে স্পন্দনহীন হাসি, এ কেমন তোমার জীবন!
প্রভাতের আলো মুখমণ্ডলে জ্বলন্ত সেই বাঁকা হাসি
পাণ্ডুর ঠোঁটে মলিন চোখে মধুমালতীর তারে গ্রাসি—
সাদা চাদরে মদের লোভে সূর্যরশ্মি চোখে আসে
নগ্ন শরীরে ঘুমের দেশে তাহার কথাই মাথায় আসে
প্রেমিকার মনে স্বপ্ন তাহার যৌবনেরই পুরোনো স্বাদে
শিকল ভাঙ্গে চিৎকারেতে, তাহাতেও যে সন্তুষ্ট না সে!
আমি তোমায় ভালোবেসেছি দিন গুনেছি অপেক্ষাতে
মিনিট দশেক চোখের নীচে ঠোঁটের সাথে সংস্পর্শে—
কত দুঃখ, প্রেম-পিপাসা, হাসি-ঠাট্টা বিরহের ভার
সব সয়েছি দু'জনে মিলে, নেই নি কখনও অবসর তার।
রাতিরের ইচ্ছেগুলো মরে গিয়ে নতুন ইচ্ছে জন্মেছে
আজ; ক্ষণিকের ভিড়ে থমকে দাঁড়াই, তুমি যদি যাও চলে!
ভালোবাসা-ভালোবাসি— সহজ কি এতই, তার পাশে বসে
আছি?
তুমি যদি যাও চলে, পাশে কে আসবে তবে?
তোমার দৃষ্টি অধিক বেশি, আমার সৃষ্টির চেয়ে—
লালসার ভিড়ে তুমি ডুবে গেছ আজ সুদূর ভাবনার এই প্রসারে
সুখ আছে সেথা, শান্তি নেই— তৃষ্ণায় থাকবে তোমার ব্যথা

বহু স্বপ্ন, বহু অস্পষ্ট কথা লুকিয়ে আছে তোমার মধ্যে
অন্তরে এসব না-ই বা লিখলাম—
তোমায় যে খুব ভালোবাসি, প্রিয়া! সকাল যে হয়ে এল—
স্বপ্নের আয়ু শেষ হ'তে চলেছে— এবার অন্তত চোখ খোলো!

15. আসক্তি

- নীলাশা হোড়

এই আমি প্রতিনিয়ত যে তোমাতেই আসক্ত।।
বেঁধে ফেলেছ কি অনড় বন্ধনে আমায়!
এই বাঁধন ভেদ করিবার সাধ্য কী আমার?
এ ভালোবাসার বন্ধন চিরকাল রবে দিলাম কথা তোমায়।
যদি কোনোদিন হারিয়ে যাই তবে সব স্মৃতিগুলো জুড়ে পুনরায়
রাজপথে হেটো আবার, দেখবে আবছা হয়ে রয়েছি পাশেই
তোমার।
প্রতিনিয়ত আমি তোমাতেই আসক্ত প্রিয়।।
যেও না ভুলে কখনো আমায়...
এই অবলা আজীবন শুধু তোমারই অপেক্ষারতা।
সেই পুরনো রাজপথে আজও তোমার-আমার মিলনের ছোয়া!
আমি প্রতিনিয়ত যে তোমাতেই আসক্ত।।
মনের এই অগোছালো ভাষা কীরূপ প্রকাশ করিব তোমায়?
আমি ব্যর্থ বারংবার প্রকাশ করিতে তোমায়
এরূপ অন্তরে ঠাহর করিয়া পদ্যেই প্রেরণ করিলাম তোমায়।
আজও ভালোবাসি আমি শুধুই তোমায়
যাহিব আমি কার পানে?
আবদ্ধ যে আমি প্রতিশ্রুতির বন্ধনে
সেই বসন্তের দিনেই রামধনুর খেলায় তোমার নিকট নিজেকে
সমর্পণ করিয়া আমি উন্মুক্ত।

আমি প্রতিনিয়ত তোমাতেই আসক্ত প্রিয়।।
নীল আকাশ ক্ষিপ্ত সেই দুজনের আশায়
প্রকৃতি আজও খোঁজে মিলনের ছোয়া।
সেই রাজপথ একই সুরে তোমার-আমার একত্রিত পদধ্বনি
চায়।
ওহে চলো না! আবারও পুনরাবৃত্তি করি সেই লাল-নীলের
একত্রিত সুর।
কেমনে করিব তোমায় অস্বীকার?
স্বাক্ষী যে স্বয়ং প্রকৃতি।
সবটা ধুলোয় ঢেকে গেলেও ছাপ রয়ে যাবে এই লেখালেখিতে
প্রতিনিয়ত আমি তোমাতেই আসক্ত।।
এই মন দপ্তর করিছে যে তোমায় উষ্ণ আলিঙ্গন।
হে প্রিয়! এ যে প্রেম নয় এ হলো এক অমরত্ব ভালোবাসা
এই আমি প্রতিনিয়ত যে তোমাতেই আসক্ত প্রিয়।।

16. চাপদাঁড়িটা

-মৌমিতা ভাওয়াল দাস

বাস নাম্বার ছাপান্ন,
রোজই একপথ।
সরলরেখায় জীবনধারণ,
একঘেয়েমি যানজট।
বৃষ্টি আসেনি সেদিন,
শুধু মেঘ করেছিল আকাশ জুড়ে।
মনের ঘরে কেউ নাড়েনি কড়া,
রাজস্থান হৃদয়পুরে।
পাশে বসেছিল চাপদাঁড়িটা
ছিপছিপে ওই পাঞ্জাবিতে।
আমারও শাড়ি কলমকারি,
গল্প শুরু আচম্বিতে।
কথায়-কথায় কথা বাড়ুক
সেই বাহানায় রাস্তা পার।
দায় ছিল শুধু সেইটুকুই,
নষ্ট করার সময় আছে কার?
জানি আদতে সব একঘেয়েমী,
ওই ফিসফিসানি ফোনেতে।
সে রাস্তা আর বাড়াবো না হাত,
যতই নাড়া লাগুক শীতঘুমেতে।

কিন্তু যেদিন জোড়ে বৃষ্টি এলো,
দু'-কূল ভাসায় চোখের জল।
সেই চাপদাঁড়িটাই পাশে ছিল,
যখন আমি কুড়োচ্ছি সম্বল।
প্রেম বলতে এখন ভালোবাসা বুঝি,
আদর বলতে কপালে শুধু।
চাপদাঁড়িটা রয়েই গেল
সবুজ ফোটায় যেখানে ধূ-ধূ।

17. মায়ার ছায়া

–অর্পিতা ভট্টাচার্য্য

আজও রাতে তারাটির সাথে তারাটির কথা হয়
অব্যাক্ত আবছায় বিশুদ্ধ অন্ধকার,
মূর্ছিত হৃদয় বেগে ধাবিত মন
প্রান খোলে উন্মুক্ত আকাশের বুকে,
কি চায় ও মানুষরূপী প্রেমিক পুরুষ?
না, মায়াবতী চায় না রক্ত মাংসের কোনো অজুহাত,
ফিরিয়ে দিয়েছে ও অজস্র কালজয়ী উষ্ম রক্ত,
মুখে লাল ছোপ
নয়ন সেজেছে কাজল সাজে, গালে বিবর্ণ রেখা
পূর্ণিমার সমুদ্রের ঢেউ খেলছে ওষ্ঠে
খুতনিতে শিকল আঁকা!
চাহনি যে নেশায় মেতে, পরিবেশ হয় আনমনা
দুপায়ের ছিন্ন ঘুঙুর বাজে ক্ষণিকের মাতালে
শরীর জুড়ে রেশমি সুতা ধেয়ে ধেয়ে পড়ে।
থমথমে রাত কুয়াশায় আবৃত
তবে সাড়া দেয় মানবী
প্রান্তরে, সুদূর প্রসারী ভাঙ্গা দোতলার
কেন্দ্রে বসে মায়াবতী, করে আকন্ঠ সুরা পান,
ছন্দে-ছন্দে ঘুঙুর নর্তকী রূপ তোলে
ছিন্ন করে অবাধ বাঁধন, রূপ পুরে পুরে যায়।

স্তব্ধ আঁকড়ের গুনগুন, হিমেল স্পর্শ
নিশ্চুপ এক ছায়া মূর্তি রোজকার প্রত্যক্ষদর্শী,
কাছে আসার ব্যর্থ প্রলাপ বিকিয়ে যায়,
গাঢ় হয় অন্ধকার!
মায়াবতী খোঁজে, আঁচড়ে পড়ে ছায়ায়,
সুরের বিতান থামে না তখনো
গোঙানি ওর কান্নার রোলে প্রকৃতিও কাঁদে!
ছায়ার জন্ম; হিংস্র পাশবিকতার চাকার ঘর্ষণ
দুমড়ে মুচড়ে দিয়েছিল নিষ্পাপ বৃক্ষকে,
ঊষা ক্রীড়াচক্র,আকাশ কোলে সূর্য খেলে,
আর মায়াবতী?
সে তো ছায়ার অপেক্ষায় এক অবাঞ্ছিত খাটের ওপরে পড়ে
রয়...

১৪. আমার তুমি

-সম্পা চাটার্জী

তোমার জন্য সুরেলা একটা গান হবো,
তুমি হৃদয়, আমি তোমার প্রাণ হবো।
তুমি আমার অপেক্ষার একটি রাত,
যে রাতটা অন্ধকার তারারা বাদ।
তবুও তুমি সেই রাতেই চাঁদের আলো,
হোক না সেটা অমাবস্যায় ঘোর কালো।
তুমি হবে আমার কানাই, আমি তোমার রাই,
দেহে না হলেও মনে থাকবে তোমারই ঠাঁই।
ভালোবাসায় রাঙাবো যখন হয়ে গুলাল,
তুমি হবে সেই দোলখেলায় আবীর লাল।
স্ট্যাটাস জুড়ে তোমার ছবি আর তুমি,
রাখবো সেটা অনলি মি, ভেবো না তুমি।
তুমি আমার বৃষ্টি ভেজা সন্ধ্যা গো,
দুজনাতে থাকবো বুকে বন্যা হোক।
যেতে চাইলে পারবে না তো ছেড়ে যেতে,
এমন করে রইবো আমি ঐ ঠোঁটে।
যেমন করে কফি শীতের উষ্ণতায়,
থাকবো আমি তেমন গভীর দুঃখ টায়।

তোমার থেকে দূরে গিয়েও রোজ ছোবো,
অপেক্ষারা ক্লান্ত হলেও সাথে নেবো।
তুমি আমি মিলে ঠিক যাবো হেঁটে,
যেখানে স্বপ্নগুলো রইবে গেঁথে।
হাজার জীবন উৎসর্গ তোমার নামে,
'আজ জানে কি জিদ্ না করো' এই গানে।

19. জানি আবার দেখা হবে ভালোবাসার হৃদমাঝারে

-তনুশ্রী গুহ

অকপট চিত্তে আজও ভাবি শুধুই তোমার আবেগি কথা,
আমার হৃদমাঝারে রয়েছ আজও তুমি এক আলাদা অনুভূতির
ছোঁয়ায়।
অনুভূতিগুলি আজ বড্ড অভিমানী, কেন জানি না!
কলমের জোয়ারে ভেসে ওঠে আজ অনুরাগের পরশের ছোঁয়া।
আমি তোমার অপেক্ষায় আজও চেয়ে আছি আকুত এক
অভিমান নিয়ে,
জানিনা এই অভিমানের অনুভব পৌঁছাবে কি তোমার কাছে?
আমার ভালোবাসার স্পন্দন আজও খোঁজে তোমারই চোখের
প্রেম,
আমিতো ভালোবাসার গল্পকথারই এক অভিভূত সেই আবেগ।
আসবে কি তুমি আমার কাছে, ডাকবে আমাকে সেই আবেগি
অনুভূতি দিয়ে?
বুঝবে কি সেই ভালোবাসার কাব্যকে যা আজও প্রকাশ পায়
তোমাকে নিয়ে।
তুমি আমার অভিমানী ভালোবাসা, আমার অনুভূত অনুভূতি,
আমার ভালোবাসা প্রতিফলিত হয় আমার ভালোবাসার কাব্যে।

হয়ত এই অনুভূতিতেই লুকিয়ে আছে ভালোবাসার দর্পণ,
অভিমানেও যে প্রকাশ পায় ভালোবাসার গভীর প্রতিফলন।
আমি আজও খুঁজে বেড়াই তোমার সেই প্রেমের পরশকে,
জানি আবার দেখা হবে ভালোবাসার হৃদমাঝারে।

২০. ভালোবেসে যদি

–মনামী সরকার

ভালোবাসা নিলে ঋণ বাড়ে
আর ভালোবাসলে ব্যাপ্তি বাড়ে মনের
ভালবাসলে নদী হওয়া যায়।
ভালোবাসা কাঙ্খিত হলে থাকে
হারানোর ভয়
ভালোবাসলে মুক্তি দেওয়া যায়।
বৃক্ষ হওয়া যায়
ফুল ফল ছায়া দিয়ে
আগলে রাখা যায়
ভালোবাসলে ভালো না থাকলেও
ভালো রাখা যায়।

21. শুধু তুমি

– পাদক

কেন যে এমন করে বারবার
মনে পড়ে তোমায়,
তুমি যে চলে গেছ কিছুতেই
বোঝে না হৃদয়।
মুহূর্তের ভালো বেসেছি যখন
তোমাতে বিলীন আমি,
আবেশে আবেগে সোহাগে আদরে
সবখানে দেখি তুমি।
শ্যাম বনানীর পাহাড় কোলে যখন
নির্জনে বসে আমি,
লাল পলাশের রক্তিম রাগে
সেখানে দেখি তুমি।
দিনান্তের গভীর অন্ধকারে যখন
নিঃসঙ্গে হয়েছি আমি,
একাকিত্বের বেদনার চরে
সেখানে দেখি তুমি।
রাজপথ দিয়ে ক্লান্ত পায়ে যখন
হেঁটে চলেছি আমি,
ফুটপাতে শুয়ে অনাথ শিশু
সেখানে দেখি তুমি।

অন্যায় আর অবিচার নিয়ে যখন
প্রতিবাদ শুনি আমি,
সেই জনতার সম্মুখ ভাগে
সেখানে দেখি তুমি।
দ্বন্দ্ব-বিবাদ স্বার্থের ঘায়ে যখন
মর্মাহত হয়েছি আমি,
দু-বাহু বাড়িয়ে ডাকে যে হৃদয়
সেখানে দেখি তুমি।

22. মনের দু'-কূল

-সৌমিত সরকার

সন্ধ্যা নামে আজও আগের মতোই,
কমলা গোধূলির কোণে দেখা আলো গায়ে জড়িয়ে
অবগুন্ঠনরতা প্রকৃতির সৌন্দর্য ছড়ায়,
তিরতিরে নদীটি বয়ে চলে একাকী সংগোপনে,
বুনো পাখির দল কলতানে মুখরিত করে বাতাস,
কৃষ্ণচূড়া পলাশের পাতার আবডালে একটি দুটি
সদ্য ফোটা কুঁড়ি গত বসন্তের গল্প শোনে,
একটু একটু করে আবিল হয় ফাগুন হাওয়ায়
মাতোয়ারা গঙ্গার ধার,
উষ্ণ আলিঙ্গনে আবদ্ধ স্বপ্নেরা ডানা মেলে সুদূরে,
ছুঁয়ে ছুঁয়ে যায় শহর, নগর, গ্রামগঞ্জ
পথের অলিগলি...
সেদিনের সোনাঝরা সন্ধ্যা জলছবি এঁকে যায়
আজকের সন্ধ্যাতেও,
শুধু বদলে গেছে কিছুটা থামখেয়ালী সময়,
বদলে গেছে তোমার আমার হৃদয়ের গতিপথ,
তুমি আর নেই সেই আগের তুমি...
আমিও নিজেকে আড়ালে ঢাকলাম খানিক বাধ্য হয়েই...
অভিযোগ, অনুযোগ কে দিইনি প্রশ্রয়
কারণ অভিযোগ করতেও যতটুকু অধিকার লাগে

সেটুকুও হারিয়ে ফেলেছি বেশ বুঝি...
তবে যত দূরে গেছ তুমি
তত আরও কাছে পেয়েছি তোমায়,
নিজের মনেই, খুব গোপনে,
কেউ দেখতে পায় না, কেউ জানতে পায় না সেখানে...
আজকের সোনাঝরা সন্ধ্যাও সেদিনের মতোই মোহময়ী,
আলোয় আলোয় সেজেছে চরাচর
ফুলের গন্ধে মাতোয়ারা পথ ঘাট, অলিগলি
কত আনন্দ, কতো আমোদ আহ্লাদ
শুভেচ্ছা বার্তা ছড়িয়ে যাচ্ছে সান্ধ্যকালীন আসরে
শুধু আমার মনের এ-কুল ও-কুল ভাসিয়ে নিয়ে যাচ্ছে
ক্রন্দনরত সানাইয়ের সুর...

23. তুমি আমার 'তুমি' হবে ?

- পহেলী পাল

তুমি আমার দূর অজানায় হারিয়ে যাওয়ার বারণ হবে ?
তুমি আমার দুঃশ্চিন্তায় শান্ত থাকার কারণ হবে ?
খরস্রোতা নদীর মাঝে বুক বিছিয়ে রয় যে পাথর
তুমি তেমন আমার স্রোতের শীতলতায় ঘুমিয়ে যাবে ?
ভীষণ ঝড়ে খরকুটোরা যেমন পাগল, দিশেহারা
আমি তেমন আঁধি হলে আমার মাঝে হারিয়ে যাবে ?
পেরিয়ে যাবে এই জঞ্জাল ? গাছের ছায়ায় একটা দুপুর ?
বেসুরো এক গুঞ্জনেতে তাল মেলাবে আমার নূপুর।
আমি হলে রবি ঠাকুর, তুমি 'সোনার তরী' হবে ?
কিংবা ধর কোমল আমি, তুমি আমার কড়ি হবে ?
আগলে রাখবে বিকেল জুড়ে গোধূলির সেই আভার মত
চোখ বুজে গা এলিয়ে দিয়ে ভুলব যত বুকের ক্ষত।
আমাদের খুব লড়াই হলে, তুমি আমার শক্তি হবে ?
জীবন হলে বদ্ধ কারা, আমার জন্য মুক্তি হবে ?
মেঘলা দিনে বৃষ্টি আসার একটু আগের সেই যে আকাশ
অভিমানের মেঘ ঘনালেও তেমন আলো ছড়িয়ে দেবে ?
হবে আমার স্বরবর্ণ ? স্লেট পেন্সিল চকের বালি
সাত সুরের এক সায়র হবে ? ভরবে আমার গানের ডালি ?
তুমি আমার সবচেয়ে প্রিয় জীবনখেলার 'সাথী' হবে ?

মনকুঠুরির ঘনকালোয় অনির্বাণ এক বাতি হবে ?
থাকবে আমার তুলসী তলায় ? ধূপবাতির গন্ধ হয়ে ?
চলবে আমার সাথে পাশে আমার ভালো মন্দ হয়ে ?
মনের মরুভূমির সকল মরীচিকা মুছিয়ে দিতে
একমুঠো জল সত্যিকারের, কিংবা শীতল বাতাস মেখে –
মন ভেজানো বৃষ্টি আনার তুমি সেই মৌসুমী হবে ?
আমি যদি তোমার হই, তুমি আমার 'তুমি' হবে ?

24. বনলতা

-ময়ূখ ব্যানার্জী

হ্যাঁ, ভালো লাগে হঠাৎ করেই।
অস্তিত্বের চেতনায় ফুটে ওঠে প্রতিচ্ছবি
যদিও বিশ্বাসভঙ্গের ক্লান্তিময় অমাবস্যার রাতে
ফুটে ওঠে কোনো তারা হঠাৎ করেই।
আজন্ম প্রেমিক আমি
তাই প্রেম খুঁজে দূরে দূরে হারাই নিজেকে
বিস্মিত সমুদ্রের মাঝে একলা ঢেউ হয়ে
ভয় পাই শুধু হারিয়ে ফেলার,
ভালোবাসা কিংবা অস্তিত্বের গিঁট।
তাই দ্বিধা-দ্বন্দ্বে ভুগেও তাকিয়ে থাকি
অপার বিস্ময়ে একটু করুণার লোভে
খুঁজে চলি কবিতার মাঝে তোমায়
অজানা দুপুরে নাম দেই বনলতা সেন।

25. প্রেম

-ঐশ্বর্য্য কৃষ্ণ

বয়সই তো ভেজে আনন্দ এলে।
ভালবাসা মেশে ঝুম বৃষ্টি নামলে।
বিরহের নাম হয় মেঘ, প্রেমের নাম বৃষ্টি।
ভালবাসা গান লেখে, মন জানে মনবৃষ্টি।
প্রেমে দূরত্ব কখনও লেখা হয় না।
আমরাই শুধু দূরে চলে যাই ভুলে।
প্রেমের ভিতর থাকে নম্র কথারা।
ভালবাসা জাগে গল্প-গোলাপ ফুলে।
গল্পকথা পথিক জানে, পথ তার সবুজের।
ভালবাসা মন বাঁধে, আলো ঠিক হৃদয়ের।

26. স্পর্শ

-গৌতম সমাজদার

তুমি যেদিন আমার হাত ছুঁয়েছিলে-
আরেক হাত ধরেছিল কবিতা!
উদ্বিগ্নতা আর দ্বিধা ছুঁয়েছিল আমায়।
শাল আর শিমূল কোনটায় চোখ রাখি-
ভেবেছিলাম রাত জেগে !
শালুক আর পদ্ম কোনটায় মন দিই?
হৃদয়ের কাঁপন ছিলো অহর্নিশি
নদী আর মোহনা কোনটায়-
ভাসব? এলোমেলো চিন্তা।
তুমিই তোমার, কবিতার আর
আমার হাতদুটো এক করেছিলে।
বলেছিলে- আমি তো তোমার কবিতা!
আজ প্রৌঢ়ত্বের সীমানায়-
বুঝি কাঁটা আর তার এক সাথে
থাকলেও পাখীর কাছে কাঁটাতার
বলে কিছু হয়না। আকাশ টাই
আসল কথা- ঝুপ করে যা
পাখী অতিক্রম করে!
আমাকে পাখী হতে বলেছিলে।
আজও উড়ছি, ভারী ডানা-

তবুও পাখীর মতো, কবিতার
মতো, তোমার মতো উড়ছি-
নীল দিগন্তে...!

নেট ফড়িং প্রেম সংখ্যা – ২০২২

তবুও পাখীর মতো, কবিতার
মতো, তোমার মতো উড়ছি-
নীল দিগন্তে...!

· 42 ·

27. অমর তুমি

-নীড় বিন্দু বর্মন

দৃঢ় প্রতিজ্ঞা করে বসে থাকি পথ চেয়ে
কখনো যদি এ পথের দূরে ধূলিকণা উড়ে,
পথের বাঁকে তাল গাছটি দাঁড়িয়ে আছে
যার আড়ালে হারিয়ে গেছে তোমার আঁচল।
অভিমান হয়, তবে কারো উপরে নয়
নিজের স্বপ্ন গুলোর প্রতি;
তাল গাছটা থেকে যখন পাখিগুলো
উড়ে যায় হৃদয় বাঁধন আর অপেক্ষা করে না।
অনেকদিন বৃষ্টির জলে ভিজতে পারিনি
মেঘলা আকাশ দেখেও হাতে ছাতা নিইনি,
বড্ড বকা দেয়নি কেউ
শরীর খারাপ হয়েছে বলে।
ক্যাম্পাস শেষে আর বইমেলা যাওয়া হয়নি
প্রিয় কবির বই পড়িনি বহুদিন,
ম্যাগাজিনে অংশগ্রহণ করতে পারিনি
লিখতেও বলেনি কেউ।
সোনালী বিকেল-ছন্নছাড়া মেঘ
অগোছালো চুল, লাল টিপ
মিষ্টি মেয়ের হাসি-কোমল হৃদয়ের অভিমান
আজও আছে গোপন।

অভিমান ভাঙ্গানোর কবিতা
ছন্দে-কথায় শুনাতে আসেনি
বলেনি কেউ হেঁসে, সব কিছু মনগড়া
চোখের ভাষায় গিয়েছিলে বুঝে।
দৃঢ় প্রতিজ্ঞা এই পথ চেয়ে,
জানি যদিও ফিরে আসবে না
আকাশ তবুও মেঘলা
কোনো অন্তিম বিকালে হবে সেই মিলন মেলা।

28. সমর্পণ

–কমল পাল

রজনীগন্ধার গুচ্ছ ছুঁয়ে
জ্যোৎস্না স্নাত
এক অলৌকিক হাট বসে কুমারী শরীরে।
বিলম্বিত লয়ে সবই সমর্পণ
ক্রমশ আমির নিরঞ্জনে
এক আনন্দশায়ী অনন্ত শয্যা,
অর্ধনারীশ্বর হয়ে ভাসে
কোটি কল্প অনন্ত নীহারিকায়;
সমর্পণ সমর্পণ আর সমর্পণ।
এই আমিত্বের নিখোঁজে জাগে
অপার্থিব অনাহত সহস্রদল
এক অনাস্বাদিত আবেগে আঁখি মেলে
চন্ডীদাস রজকিনী
জয়দেব পদ্মাবতী
আর তরঙ্গ বিক্ষুব্ধ ঢেউ ভেঙে
আবহমান ভেসে চলে বেহুলা মান্দাস।

29. ভালোবাসা

· 46 ·

-মহাজিস মণ্ডল

ঠোঁটে একান্তে রেখেছি ওষ্ঠ
আগুনের পাঁপড়ি খসে যাচ্ছে
নিবিড় ঘনিষ্ঠতার বাহুবন্ধনে
গোপন অভিসারে যখন নৌকা ভাসে
নীল চোখের অতল গহীন জলে
তখন অষ্টাদশী চাঁদের শরীরে নামে
ভালবাসার অমৃত পুরুষ শস্যের রেণু মেখে নিতে...

30. ভ্রমর

-সুব্রত দেবনাথ

কেটে গেছে বৃষ্টি, সরে গেছে মেঘ
বলি শুধু একবার, আমায় তুই দেখ।
তোর ওই চোখে আমার নীল সুদূর দিগন্ত
আমি কি হতে পারি, তোর জীবনের অন্ত?
পাবো আমি তোকে জানি, আমার প্রিয়া রূপে
রয়েছে স্বপ্ন আমার, এই দু'চোখে।
তুই যে আমার অন্তরের বিশ্বাস,
তাই, চলে গেলে নিয়ে যাস আমার নিঃশ্বাস!
তোকে কি ভাবে বলি, ভালোবাসি তোকে কত
ভ্রমর যেমন ভালোবাসে পুষ্পের মত।

31. ভালোবাসা

—সুপ্রিয়া মুখার্জি

টেলিফোন আসে চেনা কণ্ঠের,
যেন হঠাৎ বাজারের মোড়ে একঝলক চেনা মুখ, যেন কোন
শনিবার বিকাল চারটের সময় এসে দাঁড়ানো, ভুল হয়ে যায়
সকল কাজে, একলা বসে হঠাৎ
আসে গুণ-গুণ সুর, লুকিয়ে সাজা
গোলাপ ফুলের রঙিন সাজে।
নতুন একটা নাম হয়েছে মেরী।
নতুন চেনা শিহরণের ছোঁয়া।
কি নামে ডাকবো বলোতো তোমায়?
নামটা তোমার ভীষন প্রাচীন।
যদি কোনোদিন কখনো
ঠোঁটের ছোঁয়া পৌঁছে থাকে,
ঠোঁটের ঘনিষ্ঠ দেশে,
শিহরণ ধরে রেখো
আজীবন আকাঙ্খার মত।
অবৈধ ব্যাভিচার বলে
কিছু নেই এই জগতে।
যদি স্পর্শ করে থাকি
এলোচুল, গ্রীবার সানুদেশ,
অবাধ প্রত্যাশা রেখো,

আরও কিছু অন্তরঙ্গ
দীর্ঘ সময়ের জন্য।

49

নেট ফড়িং

আরও কিছু অন্তরঙ্গ
দীর্ঘ সময়ের জন্য।

32. জননীকে ভালোবাসি

–অরিত্রিক অধিকারী

হে বিশ্বজননী তোমার প্রণয়ে প্রাণিত আমি,
এক মহাকল্লোল জেগে ওঠে মনের মাঝে;
এটা সত্যি প্রেম, নয়গো অপকর্মের ভন্ডামি,
তোমার স্নেহাশীষ পেতে চিত্তপ্রদীপ জ্বালাই সকাল সাঁঝে।।
এ' এক ব্যক্তিগত প্রেমকাহিনী, সকলের থাকে না
তোমার সৌহার্দ্যে দেখতে পাই অষ্টম আশ্চর্য।
তোমার আশীর্বাদের মাধবী দেয় জীবনের পরোয়ানা,
তোমার হাসিতে তোমার রাগে থাকে ভালোবাসার অতিশয্য।।
তোমার গর্ভে সকলে আছি তুমি আমাদের মা,
মনে প্রাণে স্বীকার করি তোমায় ভালোবাসি,
হে নারী! তোমার মধ্যেই আছে বিশ্বমায়ের গরিমা,
প্রণাম জানাই আন্তরিক আর বলি, আয়, প্রকৃতিকে
ভালোবাসি।।

৩৩. ভালোবাসি তোমায়

-অর্ণব বণিক

ভালো লাগে... কারণে-অকারণে তোমায় পাশে পেতে।
ভালো লাগে... তোমার হাত ধরে একসাথে পথ চলতে।
হাতে হাত রেখে অস্তায়মান সূর্যটাকে দেখতে।
ভালো লাগে কান পেতে তোমার কথা শুনতে।
ভালো লাগে... কালো কাজল এ' সাজানো তোমার মায়া ভরা
চোখ দুটোকে একমনে দেখতে,
আর থমকে যাওয়া কিছু মুহুর্তকে প্রানভরে উপভোগ করতে।
ভালো লাগে যখন অল্প অভিমানী তুমি,
আড়চোখে আমার দিকে তাকাও।
ভালো লাগে... যখন মন খারাপের দিনে,
তুমি আমার খোঁজ নাও।
ইচ্ছে হয়... তোমার সাথে বহদূরে চলে যেতে,
দূর... বহদূর দেশে।
ভালো লাগে কারণে-অকারণে তোমার কাছে ছুটে যেতে।
কানে কানে বলতে,
এ মন তোমায় চায়,
এ মন অবুঝ,এ মন পাগল... তোমার জন্য।
এ মন কল্পনায় শুধু তোমারই ছবি আঁকে,
এ মনে শুধু তোমার সুর বাজে।
এ মনে তোমায় নিয়ে নিত্য কাব্য রটে।

হ্যাঁ, তুমি ঠিক ধরেছ।
ভালোবাসি গো তোমায়... ভালোবাসি।

৩৪. সেই মেয়েটি

-অনিমেষ পণ্ডিত

অবাক করা একটি মেয়ে
গাঁ-এর লোকে সবাই চেনে,
পাবে না কোথাও তার যে দেখা
শুনতে পাবে তার শুধু ডিগ্রীর কথা।
ডিগ্রী প্রেমী এমন মেয়ে
থাকে যে শুধুই বইকে নিয়ে,
বইকে ছাড়া জানেনা কিছু
ছুটে-যে শুধুই সফলতার পিছু পিছু।
যতই দেখি ওকে বারে বারে
তখন শৈশবের কথা মনে পড়ে,
শৈশবে ও বলত এসে
বলবি গণিতের সমাধান কি করে তোর মাথায় আসে।
তখন অবাক হয়ে তাকিয়ে থেকে
ভাবতাম ওর সফলতা কেমনে আসে,
এমন কোমল মনের মানুষ বলেই
হয়তো সফলতা ওকে ছেড়ে যায় না চলে...
এ তো গেল তার গুণের কথা
এখনও তো পাওনি তার রুপের ছটা,
দেখেছ কি সেই মোনালিসা-কে
যা লিওনার্দো দ্য ভিঞ্চি অঙ্কন করেছিলেন তার কল্পনাতে

আমিও তো তাই আমার কল্পনাতে
দিয়েছি আকার সেই মেয়েকে।
সত্যি যতই দেখি ওকে বারে বারে
নিজের অজান্তে কল্পনার জগতে তখন আমি যায় যে চলে।

35. প্রাণ প্রিয় বন্ধু

—শাশ্বতী সেহানবীশ

প্রাণ প্রিয় ওগো বন্ধু তুমি, দূরে কোথায় গেলে!
আমায় ছেড়ে কি বা সুখ তুমি ফিরে পেলে!
রাত নিঃঝুম স্তব্ধ বাতাস তোমার জন্য কাঁদে–
এসো ফিরে বারেক বন্ধু এ'–হৃদয়ের তরে।
নিদারুণ ভালবাসা নিয়ে তব প্রতীক্ষায়
কন্টক জর্জরিত পথ হেঁটে আমি ক্লান্ত প্রায়।
আমার মনের শান্তি তুমি– তুমিই শুদ্ধতা
এসো না বন্ধু ফিরে দূর করে নীরবতা।
যেমনি করে সমাজকে ভরালে ভালবাসায়
সে পথকেই কেন ভরালে মলিনতায়?
আবেগ–অনুভূতি দেইনি বিসর্জন
তুমি আসবে বলে দিন গুনছি সারাক্ষণ।
সব সনদিগ্ধতার অবসানে হোক দুটি প্রাণের মিলন
ঈশ্বরের নিকট এ' আমার প্রার্থনা সারাক্ষণ।
ভাসবো মিলন মেলায় কাটিয়ে যাবো দোঁহে
এ সুন্দর পৃথিবীতে আসবো আবার ফিরে।।

নেটে-নেটে ঘুরে বেড়ায় নেট ফড়িং...

নেট ফড়িং এর প্রতিটি সংখ্যা পড়তে ক্লিক করুন নেট ফড়িং এর ওয়েবসাইট www.netphoring.com এ।

নেট ফড়িং এর ব্লগে লেখা পোস্ট করতে মেইল করুন netphoring@gmail.com এ। লেখার ওপর উল্লেখ করুন নেট ফড়িং ব্লগ।

রবিবারের দুপুর....

হঠাৎ ফোনের Whats App বা Messenger এ মেসেজ আসার শব্দ...

Whats App বা Messenger এ এসেছে নেট ফড়িং এর পিডিএফ ডাউনলোড করার লিঙ্ক...

প্রতি সপ্তাহে রবিবার আসে, নিয়ম করে আসে নেট ফড়িং এর সাপ্তাহিক সংখ্যা...

আপনি হয়তো নেট ফড়িং এর লেখক বা নেট ফড়িং এর নিয়মিত পাঠক। এবার আমরা শুনতে চাই আপনার অনুভূতির কথা।

নেট ফড়িং পড়তে আপনার কেমন লাগে? নতুন আর কি বিভাগ চান জানান আপনার মতামত।

লিখে পাঠিয়ে দিন আপনার অনুভূতির কথা Whats App বা Mail এ। যা প্রকাশিত হবে "পাঠকের চোখে নেট ফড়িং" বিভাগে।

সঙ্গে পাঠান আপনার নাম ও ঠিকানা।

Whats App- 7501403002

Mail Id- netphoring@gmail.com

-টিম নেট ফড়িং

নেটফড়িং এর সাপ্তাহিক সংখ্যা (অনলাইন) এর জন্য যে যে বিষয়ে লেখা পাঠাতে পারেন:-

- ছড়া (অনধিক ২০ লাইন)
  - কবিতা (অনধিক ২০ লাইন)
  - অণুগল্প (২৫০ শব্দ)
  - ছোট গল্প (১০০০ শব্দ)
  - বড় গল্প (২০০০ শব্দ)
  - প্রবন্ধ/নিবন্ধ (২০০০ শব্দ)
  - ভ্রমণ-কাহিনী (২০০০ শব্দ)
  - বিশ্লেষণমূলক লেখা (১৫০০ শব্দ)
  - ছবি (হাতে আঁকা বা ক্যামেরায় তোলা)

লেখা পাঠাবেন বাংলাতে টাইপ করে বা ডক ফরম্যাটে Whats App বা Mail এ প্রতি সপ্তাহের বৃহস্পতিবারের মধ্যে। লেখার সাথে লেখার শিরোনাম, লেখকের নাম-ঠিকানা থাকা আবশ্যিক।

Whats App- 7501403002

Mail Id- netphoring@gmail.com

পাঠকের মতামত নেপথ্যে-

কি করে জানাবেন আপনার মতামত, কেমন লাগছে নেট ফড়িং, আরও কি বিভাগ চান, মেইল করুন আমাদের netphoring@gmail.com এ সম্পাদকীয় প্রসঙ্গে মতামত জানাতে মেইল করুন sealbikram9@gmail.com এ। হোয়াটস আপ করতে পারেন এই নম্বর এ ৭৫০১৪০৩০০২

আপনাদের মতামতই আমাদের চলার পথের অনুপ্রেরণা, জানান আপনার অভিযোগও।

আমাদের ফেসবুক পেজ এর লিঙ্ক https://facebook.com/netphoring